동물도 지능이 있을까?

민음 바칼로레아 050

동물도
지능이 있을까?

도미니크 레스텔 | 박시룡 감수 | 김성희 옮김

민음in

차례

질문 : 동물도 지능이 있을까?

1917년, 스페인령 카나리아 제도의 테네리페 섬.

동물 실험 심리학●의 선구자인 볼프강 쾰러●는 자신이 연구하는 침팬지들의 지능을 실험하기로 했다. 그는 먼저 바나나에 실을 묶어 실험실 천장에 매달아 두고 침팬지 한 마리를 실험실에 들여보냈다. 그러고 나서 침팬지 주위에 여러 종류의 막

● ● ●

실험 심리학 실험을 통하여 정신 현상 및 행동을 연구하는 심리학. 기존의 사변적인 심리학에 반대하여 19세기 후반에 독일의 심리학자 분트가 창시한 것으로, 이후 심리학의 발달에 기초가 되었다.

볼프강 쾰러(1887~1967) 독일의 심리학자. 기존의 유일한 학습 이론이었던 시행착오설을 대신하는 통찰 이론을 제창했다. 게슈탈트 심리학파의 시각에서 다양한 실험적 연구를 통해 지능과 사고, 기억 현상에 대한 설명을 시도했다.

대기와 의자 한 개를 놓아두었다. 그러자 침팬지는 바나나를 잡기 위해 막대기를 쥐고 의자 위에 올라서는 '역사적인' 행동을 했다.

쾰러의 실험은 거대 유인원이 자신이 원하는 것을 손에 넣기 위해 전략을 세우고 장애물을 피할 수 있는 능력이 있음을 명확히 보여 준다. 이 실험에서 침팬지가 한 행동을 보면 침팬지에게 최소한의 지능이 있다는 결론을 부인하기 어렵다.

한편 1940년대, 빈 대학교의 젊은 곤충학자인 카를 폰 프리츠*는 실험을 통해 꿀벌이 뛰어난 의사소통 능력을 가지고 있음을 밝혀냈다. 동물이 상징 언어를 매개로 의사소통할 수 있다는 사실을 처음으로 증명한 것이다. 프리슈가 발견한 '꿀벌의 춤'은 세계적으로 유명해졌고 그는 이 공로를 인정받아 1973년에 콘라트 로렌츠,* 니콜라스 틴버겐*과 함께 노벨 의학상을 받았다.

●　●　●

카를 폰 프리츠(1886~1982) 오스트리아의 동물 행동학자. 벌들 사이의 의사소통에 대한 연구는 곤충들의 화학적·시각적 감각기에 대한 지식을 넓히는 데 크게 도움이 되었다.
콘라트 로렌츠(1903~1989) 오스트리아의 동물 행동학자. 현대 동물 행동학의 창시자로 일컬어진다. 동물의 행동을 관찰하여 진화 양상을 밝혀내는 데 공헌했다. 1973년 노벨 생리 의학상을 수상했다.

1990년대, 크리스토프 보에쉬[●]는 코트디부아르 타이 숲의 침팬지들이 딱딱한 열매를 깨뜨리기 위해 나무뿌리를 받침대 삼아 돌멩이를 망치처럼 사용하는 모습을 목격했다. 관찰 결과, 침팬지 한 마리가 그 기술을 숙련하기까지는 약 10여 년이 걸린다는 것을 알 수 있었다. 1990년대 중반, 수 새비지럼보[●]는 피그미침팬지라고도 하는 보노보[●]에게 인공적인 상징 언어를 가르치는 데에 성공했고, 보노보는 그 언어로 사람들과 의사소통을 했다.

위에서 말한 실험 사례들 외에도 지능을 가진 동물에 관한 예는 얼마든지 있다. 동물이 지능에 따라 행동한다는 것을 여전히 의심하는 이들도 이러한 실제 사례 앞에서는 고개를 끄덕

● ● ●

니콜라스 틴버겐(1907~　) 네덜란드 태생의 영국 동물학자. 다양한 곤충과 동물을 대상으로 실험하여 동물 행동의 기초가 되는 심리 과정에 대해 중요한 발견을 얻었다. 대표적인 저서로 『본능의 연구』가 있다.

크리스토프 보에쉬(1951~　) 스위스 태생의 동물학자. 독일의 세계 최고 연구 기관인 막스 프랑크 연구소에서 야생 침팬지들을 대상으로 동물의 생태 및 행동에 관한 연구를 하고 있다.

수 새비지럼보(1946~　) 미국의 동물 행동학자. 뜻 문자와 컴퓨터 키보드를 이용하여 보노보의 언어 행동을 관찰한 실험으로 유명하다.

보노보 영장목 성성잇과의 포유류로 피그미침팬지라고 불린다. 침팬지 중에서는 몸집이 작은 편으로 몸길이는 수컷이 73~83센티미터, 암컷이 70~76센티미터이다. 중앙아프리카의 콩고 강과 카자이 강 유역에 서식한다.

일 수밖에 없을 것이다.

'동물에게 지능이 있는가?' 하는 질문에 대한 답은 명백하므로, 이제 우리는 '동물은 어떤 지능을 사용하는가?' 라는 부분에 초점을 맞추어야 할 것이다.

사실 동물의 행동에 대한 연구가 이러한 단계에 이르기까지는 매우 오랜 시간이 걸려야만 했다. 이는 단지 동물에 관한 문제뿐만 아니라, 우리 인간이 자신을 어떻게 보느냐 하는 문제와도 맞물려 있기 때문이다.

동물의 지능은 사람의 지능과 어떻게 다를까? 종이 다르면 지능의 종류도 다를까? 같은 종에 속하는 동물은 지능이 모두 똑같을까? 동물들도 사람처럼 지능의 차이가 있을까? 만약 동물에게 지능이 있다면 사람이 동물보다 우월하다고 느낄 만한 근거는 아예 없는 것일까?

동물의 지능은 20세기에 들어와서야 비로소 연구 대상으로 인식되기 시작했다. 그 이전까지 동물은 '살아 있으나 영혼이 없는 기계'에 불과했던 것이다. 먼저 동물이 왜 이처럼 오해받아야 했는지부터 알아보기로 하자.

1

동물은 기계처럼
단순한 존재일까?

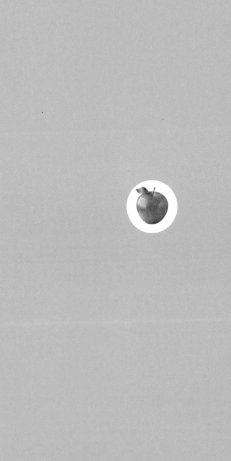

동물 기계론이란 무엇일까?

17세기부터 18세기에 걸쳐 데카르트[*] 철학을 신봉한 말브랑슈[*] 같은 철학자들은 **동물 기계론**을 주창하여 큰 반향을 일으켰다. 그들이 생각하기에 동물은 지능이 없는 존재였으며, 일련의 기발한 기계 장치로 이루어진 덕분에 겉보기에 지능을

● ● ● ●

르네 데카르트(1596~1650) 프랑스의 수학자이자 철학자. 근대 철학의 아버지라 불리며, 해석 기하학의 창시자이다. 그는 모든 것을 회의한 다음, 이처럼 회의하고 있는 자기 존재는 명석하고 분명한 진리라고 보고, '나는 생각한다. 고로 존재한다.'라는 명제를 자신의 철학적 기초로 삼았다. 저서에 『방법 서설』, 『성찰』 등이 있다.

니콜라 말브랑슈(1638~1715) 프랑스의 카톨릭 사제이자 철학자. 데카르트 학파의 주요 인물로서 성 아우구스티누스의 사상 및 신플라톤 철학을 데카르트 철학과 종합하려 했다.

지닌 것처럼 보일 뿐이었다.

동물 기계론은 동물의 본성에 대한 것일 뿐만 아니라 동물을 지각하는 인간의 본성에 대한 것이기도 했다. 그들의 주장대로라면 동물이 지능이나 감정에 따라 행동하는 것처럼 보인다고 해서 실제로 그런 것은 아니다. 인간의 감각은 틀릴 수도 있으며, 감각의 투사는 극히 부정확한 것이므로 우리는 항상 주의해야 한다. 가령 학대받은 개가 낑낑대는 것은 아파서 그런 것이 아니라 개의 생리 기계 장치가 삐걱거리기 때문이라는 것이다. 실증주의가 일어나기 시작한 19세기에는 동물 생체 해부 찬성론자들이 그 주장을 다시 끄집어냈다. 자신들의 입장에 맞서는 감상주의를 아주 간단하게 물리칠 수 있었기 때문이다.

동물의 행동을 기계론적으로 이해하는 접근 방법이 생물학에만 한정된 것은 아니었다. **행동주의**˚는 본질적으로 심리학에서 출발하여 발달한 것이다. 20세기 초, 명석한 젊은 학자인 존 왓슨˚을 비롯한 행동주의 심리학자들은 동물 심리학이라는 개념과 결별하기로 한다. 동물 심리학이 지나치게 의인화되어 있

• • •

행동주의 1910~1930년대에 세계 심리학계를 지배하다시피 한 심리학파. 측정 또는 관찰할 수 있는 자료만을 연구의 대상으로 삼았으며 사고 및 정서 등 정신적인 경험은 연구 대상에서 제외했다.

행동주의자들은 동물을 '지능이 없는 일종의 작은 기계'로 보았다.

고 과학적으로 불충분하다고 판단했기 때문이다. 그들은 과학자의 입장에서 당시 대다수 심리학자들이 사용했던 수사학적이고도 주관적인 기술 방식에 반대했다. 그 결과 동물을 기계로 보는 데카르트 철학의 기초 개념으로 돌아갔던 것이다.

행동주의 심리학자들은 각각의 생물체를 외부 자극에 무조건적으로 반응하는 기계, 다시 말해 지능이 없는 일종의 작은 기계로 보아야만 그 행동을 정확하게 이해할 수 있다고 생각했다. 프랑스의 행동주의 선구자 가운데 한 명이자 레온 트로츠키*의 비서이기도 했던 피에르 나빌이 썼듯이, 행동주의자들은 단지 자신이 관찰할 수 있는 현상에만 만족하려 했다. 열렬한 경험주의이기도 한 행동주의자들은 오로지 실험만이 '진짜 과학'을 할 수 있게 해 준다고 보았다. 따라서 그들은 모든 형태의 이론에 근본적으로 적대적이었다.

● ● ●

존 왓슨(1878~1985) 미국의 심리학자이자 행동주의 주창자. 의식 심리학에 반대하여 자극과 반응의 계통화만을 대상으로 하는 자연 과학적 방법을 주장했다. 또 본능이나 유전에 대한 환경적 요인을 강조했다.

레온 트로츠키(1879~1940) 구소련의 공산주의 이론가이자 혁명가. 1917년 러시아 10월 혁명의 지도자 중 한 사람이었으나 레닌 사후 일어난 권력 투쟁에서 스탈린에게 패배하고 망명에 올랐다. 멕시코에서 스탈린이 보낸 자객에 의해 암살당했다.

실험만으로 동물의 지능을 측정할 수 있을까?

행동주의자들은 동물의 지능을 연구하기 위한 탁월한 도구로서 일찍부터 미로를 사용했다. 이런 미로의 특징은 출발점에서부터 '보상(생쥐의 경우라면 치즈 조각)'이 놓여 있는 도착점으로 가는 길은 단 하나밖에 없고, 다른 모든 길은 길든 짧든 결국 막다른 골목에 이르는 통로로 이루어져 있다는 것이었다. 실험 대상인 동물이 옳은 길을 찾아내기까지 몇 번의 시도가 필요한지, 또는 실험이 진행되는 동안 몇 개의 갈림길을 익힐 수 있는지에 따라 그 지능을 측정할 수 있었다. 이때 영리한 동물은 짧은 시행착오를 겪은 뒤 치즈가 있는 길을 어렵지 않게 찾아냈다.

미로는 단순하게 만들면 갈림길이 하나밖에 없을 수도 있고, 정교하게 만들면 놀랄 만큼 복잡할 수도 있다. 미시건 대학교의 유진 하컴이 실시한 일련의 실험이 바로 전형적인 미로 실험에 해당한다. 그는 갓 태어난 생쥐 몇 마리를 세 집단으로 나누어 키웠다. 실험을 실시한 아홉 달 동안 첫 번째 집단은 수평 구조로만 된 미로에 익숙해지게 했고, 두 번째 집단은 수직 구조로만 된 미로에 익숙해지게 했으며, 세 번째 집단은 사방으로 다닐 수 있는 공간에 익숙해지도록 길들였다. 그러고 나서 세 집단을 모두 거대한 입체 미로 안에 옮겨 넣은 다음 생쥐들의 행동을 상세하게 기록했다.

실험 결과 세 번째 집단은 아무런 어려움 없이 미로 안을 돌아다녔고, 첫 번째 집단은 조금 어려워했으며, 두 번째 집단은 행동을 시작하기도 전에 크게 혼란스러워했다. 과연 이러한 결과를 얻기 위해 그토록 수고스러운 실험을 해야만 했을까? 왓슨을 비롯한 행동주의 심리학자들은 실험의 효율성을 높이고자 부단히 노력했지만 동물의 주체적 행동, 즉 지능을 지닌 존재로서의 행동에 관해서는 거의 생각하지 못했다.

20세기 중반에 이르러 하버드 대학교 심리학과의 프레더릭 스키너*는 동물이 스스로를 조건화하도록 유도하는 조작적 조건화 이론을 세웠다. 스키너가 고안한 유명한 '스키너 상자'는 바로 이러한 목적을 위해 만들어진 것이다. 그는 상자 안에 실험할 동물을 집어넣고 소리를 포함한 외부 세계의 모든 자극을 완전히 차단했다. 상자 안에 고립된 동물은 지렛대를 누르거나 누르지 않음으로써 미리 정해진 몇 가지 자극에 반응하도록 설

●●●

프레더릭 스키너(1904~1990) 행동주의 학파를 대표하는 미국의 심리학자. 다양한 장치를 고안하여 동물의 행동을 연구함으로써 프로그램 학습의 원리를 확립했다.

정되어 있었다. 이때 동물이 자신에게 제시된 '질문'에 정확하게 반응하면 즉각 보상이 주어졌다. 잘못 반응한 경우에는 아무 일도 일어나지 않거나 가벼운 전기 충격 같은 벌을 받게 되어 있었다. 이러한 자기 조건화는, 동물이 간단한 실험을 해결할 만큼의 기초적인 지능은 가지고 있다는 전제하에 만들어졌다.

행동주의는 여러 가지 면에서 한계를 보였는데, 특히 실험이라는 닫힌 상황 자체가 주는 한계는 불가피한 것이었다. 스키너는 뉴욕 시장이 도시에 들끓는 쥐를 없앨 방법을 묻자, 딱하게도 도시 이곳저곳을 갉아 대는 그 동물에 대해 자신이 아무것도 모른다는 사실을 시인해야만 했다. 이 우스꽝스러운 이야기가 진짜인지 아닌지는 확실하지 않다. 하지만 행동주의 심리학자인 스키너가 자신이 실험하는 동물에 관심을 갖지 않았다는 것, 설사 관심을 가졌다 해도 그저 관념적인 확신을 증명하기 위한 범위에서만 그러했다는 점은 분명하다. 그의 연구 대상은 기본적인 절차 또는 일반화할 수 있는 메커니즘이었을 뿐, 동물 자체는 결코 아니었다.

행동주의자들이 모든 형태의 이론을 싫어한다는 것은 앞에서도 얘기한 바 있다. 그들의 특징을 한 가지 더 꼽아 보면 지적 테러리즘을 들 수 있다. 그들은 자신들과 의견을 같이하지 않는 것은 자신들에 반대하는 것, 즉 과학이 아닌 것이라고 치부했다. 행동주의자들은 결국 자신들의 한계를 자초한 셈이었다. 행동주의자 수천 명이 생쥐나 비둘기 수천 마리를 가지고 수십만 번이나 실험을 했지만 그 끔찍한 작업에서 남은 것은 거의 아무것도, 아니 아무것도 없었다. 심리학의 역사는 때때로 한 장에 걸쳐 이 점을 설명한다. 실증주의적 행동주의자들이 이처럼 막다른 골목으로 몰고 갔던 동물의 지능에 관한 연구를 다시 끄집어낸 사람 또한 행동주의에 열광한 이들이었다는 사실은 꽤 아이러니하다.

아마도 콘라트 로렌츠는 앞에서 말한 뉴욕 시장의 질문에 스키너보다 더 잘 대답할 수 있었을 것이다. 로렌츠가 친구이자 동료인 니콜라스 틴버겐과 함께 주창한 동물 행동학은 1930~1940년대에 진정한 출발을 맞이했다. 물론 로렌츠와 틴버겐이 자유로운 상태에 있는 동물을 진지하게 관찰한 최초의 과학자라는 말은 아니다. 하지만 그들은 체계적이고 전문적으로 관찰하고 연구했다는 점에서, 또 오직 실험실에서만 연구하고 평가했던 행동주의 심리학자들과 반대되는 주장을 펼쳤다는 점에서 혁신적이었다.

사람들이 흔히 생각하는 것과 달리 로렌츠와 틴버겐의 동물 행동학에서 중심이 되는 개념은 좁은 의미의 실험실에 반대하는 것도, 또 행동주의자들의 실험 행위에 반대하는 것도 아니다. 그들이 생각하기에 동물의 지능을 연구하는 유일한 방법은 동물에게 적절한 질문을 던지는 것이었다. 행동주의자들이 동물에게 억지로 강요했던 부적절한 질문이 아니고 말이다. 그들이 말한 적절한 질문이란 생쥐에 대해서는 생쥐의 질문을, 갈매기에 대해서는 갈매기의 질문을, 개미에 대해서는 개미의 질문을 의미했다. 행동주의자들은 모든 동물에 대해 일괄적으로 사람의 질문을 던지는 것만 고집했기 때문에 실패할 수밖에 없었다는 것이다.

그렇다면 동물 행동학자들이 말하는 '생쥐의 질문'이란 어떤 것일까? 그것은 생쥐가 자신의 일상생활에서 계속 부딪히는 질문, 다시 말해 생쥐라는 종(種)이 진화론적 자연사를 통해 해결 방법을 터득해 낸 질문을 말한다. 로렌츠와 틴버겐이 세운 소위 **객관주의 동물 행동학**에서 동물의 지능은 곧 그 동물이 속한 종의 지능을 의미하며, 이는 객관주의 동물 행동학에서 중요한 기본 사항이다.

로렌츠는 오스트리아 빈의 자기 집 정원에 있는 회색기러기를 20년간 연구하고 나서 자신이 "세계의 모든 회색기러기에 대한 모든 것을 알게 되었노라."고 말했다. 로렌츠에 주장에 따르면 동물 각각의 행동은 선천적이며, 그 종의 모든 구성원에게서 공통적으로 관찰되는 것이었다. 달리 말하면, 동물은 그것이 속한 종에 따라 유전되는 일정한 틀 안에서만 행동한다는 것이다.

동물의 지능은 선천적으로 프로그램된 것일까?

로렌츠와 틴버겐의 객관주의 동물 행동학은 동물 행동의 진화론적 차원과 생물학적 차원을 강조한다는 점에서 행동주의적 접근법과 근본적으로 다르다.

다윈*의 진화론은 19세기부터 20세기 초반에 있었던 중요한 발견 가운데 하나였다. 하지만 생명체가 진화하는 과정에서 변형된다는 사실을 처음 깨달은 사람은 다윈이 아니었다. 프랑스의 동물학자 라마르크*가 다윈보다 먼저 이 점을 얘기했다. 라마르크에 따르면 동물은 주변 환경의 변화에 대응하여 생리

● ● ●

찰스 다윈(1809~1882) 영국의 생물학자. 젊을 때 해군 측량선 비글 호에 승선하여 남아메리카, 남태평양 섬들, 오스트레일리아 등지를 돌아다녔다. 이때 경험한 것과 관찰한 것을 토대로 1859년 『종의 기원』을 펴냈으며 처음으로 진화론을 주장했다. 다윈의 진화론은 근대 사상과 과학의 형성에 큰 영향을 끼쳤다.

를 바꾼다. 가령 키 작은 덤불을 먹는 어린 포유동물이 있다고 가정하자. 환경이 바뀌어 키 작은 덤불이 사라질 경우, 이 동물은 키 큰 나무의 잎을 먹으려고 목을 늘이기 위해 노력해야 한다. 그러다 보면 이 동물은 목이 길어지게 된다. 라마르크의 이론에서 중요한 점은 이렇게 획득한 형질의 유전 가능성에 대해서 논의했다는 것이다. 가령 앞에서 말한 포유동물의 새끼는 처음부터 긴 목을 가지고 태어난다. 현대적인 용어로 말하면 표현형˙이 유전자형˙에 영향을 미쳤다고, 다시 말해 동물의 행동 방식이 유전 구성에 영향을 미쳤다고 얘기할 수 있다.

다윈적 진화는 이와 상당히 다르다. 다윈에 따르면 진화하는 것은 개체가 아니라 개체군이며, 환경의 어떤 변화도 동물의 생물학적 변화를 일으키지 않는다. 다윈적 진화에서 중요한 것은 임의적인 돌연변이다. 다윈은 모든 동물 개체군에서 많은 돌연변이가 나타난다고 설명했다. 거의 모든 돌연변이는 그것

● ● ●

장 라마크르(1744~1829) 프랑스의 박물학자이자 진화론자. 생명이 맨 처음 무기물에서 가장 단순한 형태의 유기물로 변화된다는 자연 발생설을 역설하면서 이것이 필연적으로 여러 기관을 발달시키고 진화시켜 왔다고 주장하였다.
표현형 유전학상의 고유한 성질을 고려하지 않은, 겉으로만 드러나는 형태적·생리적 특징을 말한다.
유전자형 생물체 개체의 특성을 결정짓는 유전자의 결합 방식을 말한다.

을 겪는 동물에게 아무런 이득이 되지 않는다. 하지만 종이 처한 환경이 변하면 우연히 일어났던 돌연변이가 생존에 유리하게 작용할 수 있고, 따라서 이러한 돌연변이를 겪은 동물은 다른 동물에 비해 더 잘 적응할 수 있다.

앞에서 말한 목이 긴 포유동물을 다시 예로 들면, 다윈의 시나리오는 라마르크의 시나리오와 분명히 다르다. 키 작은 덤불을 먹고 사는 이 포유동물은 종종 긴 털을 가진 녀석, 발에 물갈퀴가 생긴 녀석, 두 갈래로 갈라진 혀를 가진 녀석 등 다양한 돌연변이를 만들어 냈다. 그러한 돌연변이는 대부분 매우 일찍 죽었지만, 긴 목을 갖고 태어난 녀석은 키 큰 나무의 잎사귀를 먹을 수 있었기에 다른 동족보다 더 잘 자랄 수 있었다. 새로운 환경 조건에 더 잘 적응한 만큼 번식도 더 잘할 수 있었던 이 돌연변이는 역시 긴 목을 가진 새끼를 낳는다. 이리하여 얼마간의 시간이 지난 뒤에 이 종은 대개 긴 목을 갖게 된다. 여기서 유전형에 대한 표현형의 직접적인 영향은 전혀 나타나지 않는다.

객관주의 동물 행동학이 본격적으로 발전한 1940년대는 한편으로 신다윈론이 등장한 시기이기도 하다. 사실 다윈은 유전학을 알지 못했고 그의 시대에 유전학은 존재하지도 않았다. 1940년대와 1950년대에 몇몇 선구적인 생물학자들은 새로운 유전학과 다윈론을 통합하여 전통적인 다윈론보다 훨씬 설득력 있는 신다윈론을 탄생시켰다.

동물 행동학은 다윈론의 이러한 성공과 맞물려 발전했다. 특히 틴버겐은 진화론을 배경으로 하여 동물의 행동과 관련된 기본적인 네 가지 연구 주제, 즉 원인(내적, 외적 자극), 성장(생물의 발육과 학습), 기능(적응 능력), 진화적 역사를 이론화했다. 실험주의 심리학자들이 동물을 백지 상태(동물은 태어날 때에는 모두 흰 백지와 같지만 이후에 받게 되는 학습을 그 위에 새긴다는 의미)에 비유했던 것과 달리, 로렌츠와 틴버겐은 동물을 종의 특징에 따라 '배선 회로'가 이미 대강 설치되어 있는 기계로 생각했다.

행동주의자들은 '본능', 즉 동물이 태어날 때부터 사용할 준비가 되어 있는 지식을 결정적으로 배제했지만, 객관주의 동물 행동학자들은 선천적인 메커니즘이 학습의 본성을 결정짓는다고 보았다. 로렌츠를 유명하게 만든 **각인 현상**이 가장 좋은 증거이다. 로렌츠는 '새끼 오리는 어떻게 제 어미를 알아볼까?'라는 의문을 제기했다. 그리고 새끼 오리가 어미의 특징을 구별하여 학습하는 것이 아니라, 출생 후 특정한 순간에 이르면 가까이 지나가는, 움직이는 모든 것을 어미로 인식한다는 사실을 밝혀냈다.

로렌츠는 오직 그 순간에만 어떤 것이든 어미로 인식될 수 있다는 것(로렌츠 자신까지도), 그 '민감한 시기'는 대단히 완고하게 프로그램되어 있다는 것, 또 새끼 오리의 성장 기간 중 분명하게 결정되어 있는 몇 시간이 중요하다는 것을 입증했고 그로 인해 천재성을 인정받았다.

일반적인 학습과 비교하면 각인은 불가역성이라는 특징을 가진다. 일단 각인이 일어나면 다시 되돌려 다른 각인을 획득하기가 불가능하다는 뜻이다. 로렌츠의 발견 이후 둥지를 짓는 새가 새끼를 인식하는 각인, 그리고 다른 여러 종에 존재하는 성적인 각인이 추가로 확인되었으며 먹이에 대한 각인과 새들이 지저귐을 습득하는 각인도 밝혀졌다.

2

동물의 지능은
모두 똑같을까?

동물이 집단을 이루면 지능이 더 높아질까?

로렌츠와 틴버겐의 객관주의 동물 행동학은 1970년대가 되자 갖가지 새로운 이론에 도전을 받으며 눈에 띄게 흔들렸다. 후배 학자들은 먼저 개미, 꿀벌, 말벌처럼 사회성을 띤 곤충의 경우, 개체적 지능의 취합이라고 볼 수 없는 매우 특이한 집단적 지능을 중심으로 움직인다는 점을 지적했다. 이러한 곤충들은 어떤 임무를 실행하기 위해 단순히 자신들의 지능을 합칠 뿐 아니라 아예 함께 움직임으로써 지능의 성질 자체를 바꾸었다.

사회 생물학˚과 행동 생태학˚에서는 동물 지능의 진화론적 차원을 매우 중요하게 여긴다.(사실 객관주의 동물 행동학은 진화론을 내세우기만 했을 뿐, 실제 연구 내용은 진화론과 거리가 있었다.) 사회 생물학은 유전자와 행동 사이의 관계를 연구의 중심에 놓고 유전자가 생물체를 통해 가능한 한 널리 퍼지려 한다고 봄으로써 그때까지 극히 서술적인 차원에 머물러 있던 동물 행동학에 활기를 불어 넣었다. 또한 인지적 접근법은, 행동주의자들이 말한 조건화나 객관주의 동물 행동학자들이 말한 후천적 본능과도 엄연히 다른 지능을 개별적 동물에 대해 인정했다.

학자들은 개미, 꿀벌, 말벌 등이 서로 협력하는 군집 행동을 관찰하면서 독특한 힘을 지닌 **집단적 지능**을 보았다. 곤충들의 집단적 지능은 다른 수많은 종의 **사회적 지능**과 달랐다. 사회적 지능이 사회에서 살아가는 데 필요한 지능이라면, 집단적 지능은 수많은 개체들이 개성을 모두 상실한 채 마치 하나의 부품처럼 움직이는 지능이다.

사회성을 지닌 이러한 곤충은 객관주의 동물 행동학자들에게 늘 관심의 대상이었다. 1973년에 로렌츠 및 틴버겐과 함께

• • •

사회 생물학 사회학적 현상을 생물학적 지식을 이용하여 탐구하는 학문. 즉 인간을 포함한 동물의 사회적 행동에 관해서, 자연 도태를 주요인으로 하는 진화 과정의 결과 형성된 것이라는 생각에 바탕을 두고, 여기에 행동학과 생리학 등 관련 분야의 식견을 더하여 연구하는 학문이다.

행동 생태학 동물의 행동과 각 동물의 생물 및 비생물적 환경 조건과의 관계를 연구하는 학문.

노벨상을 받았던 동물 행동학자 카를 폰 프리슈는 꿀벌 전문가로서, 꿀벌의 개별적 행동에 나타나는 특징과 춤을 연구했다. 또한 개미는 20세기 초의 행동주의 심리학자들을 매료시켰으며 이들이 처음 연구를 시작한 대상도 바로 개미였다. 사회성 곤충의 군집은 '초유기체'로 이해해야 한다고 제안한 존 모튼 휠러* 같은 학자들 덕분에 개미는 일찍부터 구체적으로 연구되었다. 휠러의 의견에 따르면, 사회성을 지닌 곤충들의 위대한 힘은 집단이 하나의 유기체로서 행동할 수 있으며 각각의 곤충은 이 유기체를 구성하고 기능하는 세포와 같다는 점에서 나오는 것이었다. 곤충 집단을 유기체에 비유한 휠러의 견해에 다른 학자들이 모두 동의한 것은 아니었지만, 나중에는 더 많은 학자들이 '떼 지능'이라고 일컬어지는 이 현상에 주목하게 되었다.

제2차 세계 대전 이후 20년간 전후 프랑스 동물학의 대부였던 피에르 폴 그라세*는 흰개미가 집을 짓는 모습을 관찰하여 당대 동물 행동학의 위대한 고전으로 남은 사이버네틱스* 모

● ● ●

존 모튼 휠러(1865~1937) 미국의 곤충학자. 개미에 관한 한 최고의 권위자로 알려져 있다. 인류의 문명을 분석하는 데 개미의 사회적 행동 양식을 이용한 것으로 유명하다.

델을 세웠다. 사이버네틱스의 목적은 소위 '지능을 가진 기계'라는 것을 만드는 것이었다.

사이버네틱스는 매우 효율적인 몇 가지 원리에서 출발하여 진정한 시스템 과학을 만들도록 이끈다. 그중에서 피드백 원리는 과정과 결과를 연결짓는 매력적인 메커니즘으로, 얻어진 결과와 기대되는 결과 사이에 드러나는 차이에 따라 행동의 매개 변수를 변경하면서 과정과 결과를 연결한다. 간단한 예로 방의 온도에 따라 보일러의 작동을 명령하는 자동 온도 조절 장치를 들 수 있다.

그라세는 흰개미가 집을 짓는 것을 관찰하면서 무조건적이면서도 매우 실용적인 메커니즘을 밝혀내고 이것을 '스티그머지'◦라고 이름 지었다.

흰개미의 집 짓기는 흰개미 한 마리가 흙을 물어다 놓는 것

● ● ●

피에르 폴 그라세(1895~1985) 프랑스의 동물학자이자 생물학자. 프랑스 과학 아카데미의 학장으로 재직했으며 『동물학 개론』을 비롯한 많은 저서와 논문을 남겼다.
사이버네틱스 기계 · 동물 · 사회 등에 나타난 제어와 통신의 유사성을 발견하고, 인공두뇌의 실현과 오토메이션의 개량을 지향하는 과학의 한 분야.
스티그머지 개체와 시스템, 환경 간의 간접적인 정보 전달과 교환을 의미한다. 사이버네틱스나 시스템 과학에서 사용되는 용어이다.

으로 시작된다. 이어서 몇몇 다른 흰개미들이 우연하게 흙을 물어다 놓고, 조금씩 흙더미가 쌓이면서 마침내 집을 완성하기에 이른다. 어디까지나 무조건적으로, 다시 말해 아무 계획도 없이 마지막에는 흰개미 집이 만들어지는 것이다. 이때 개미 한 마리 한 마리의 행동은 다음에 이어져야 할 행동을 끌어들이는 자극으로 쓰인다. 결국 그라세가 탁월한 효율성을 인정한 군집의 집단적 지능은, 곤충 각각의 낮은 지능이 임의적으로 편성된 결과이다.

동물의 지능은 진화와 관련이 있을까?

동물 행동에 대한 사이버네틱스적 접근은 여전히 매우 행동주의적인 경향을 띠고 있었다. 그러한 접근은 논리의 체계를 좀 더 복잡하게 만들었을 뿐, 동물을 자극에 대해 무조건적으로 반응하는 존재로 보는 발상을 근본적으로 재검토한 것은 아니었다. 1960년대 초에 이르러 동물 행동학자들은 동물의 행동에 있어 진화라는 요인을 진지하게 고려하기 시작했다. 어떤 종에 속해 있는 개체뿐만 아니라 종 전체에 대해 생각하기 시작한 것이다.

1964년, 영국의 천재적인 생물학자인 윌리엄 해밀턴[*]은 당시에는 주목받지 못했던 혁신적인 논문을 발표했다. 그는 일개미가 왜 자신의 새끼가 아니라 여왕개미의 새끼를 돌보는지를 알아내고자 연구를 시작했다. 그리하여 그는 개미의 유전적 특성인 반배수성[*]을 알아냈다.

여왕개미는 $2n$의 염색체를 갖고 있는 반면 숫개미는 n의 염색체를 갖고 있어서, 여왕개미는 자신의 염색체와 수컷의 염색체가 더해진 $2n$의 염색체를 가진 암컷을 낳고, 암컷 일개미는 수정되지 않은 알을 통해 n의 염색체를 가진 수컷만을 낳는 것이다. 이때 암컷 일개미와 자식 일개미들 간의 유전자는 50퍼센트가 같은 것에 비해 일개미 자매들 간의 유전자는 75퍼센트나 일치한다.(사람의 경우에는 형제 간과 부모·자식 간에 똑같이 50퍼센트의 유전자를 공유한다.) 일개미는 유전적으로 자기 아들보다는 자신의 자매와 더 가깝기 때문에 사리에 어긋나 보이는 일개미의 선택이 사실은 매우 현명한 것이라는 게 해밀턴

● ● ●

윌리엄 해밀턴(1936~2000) 영국 옥스퍼드대의 진화 생물학자. 생물학에서 협동의 중요성을 밝혀냈다. 2000년 아프리카 콩고에서 말라리아에 걸려 사망했다.
반배수성 생물체가 낳은 알 가운데 수정되지 않은 알은 수컷이, 수정된 알은 암컷이 되는 특성.

의 주장이었다.

해밀턴의 연구에서 힌트를 얻은 에드워드 윌슨˚은 1975년에 『사회 생물학』이라는 책을 펴냈다. 이 책은 모든 사회적 행동의 생물학적 근거를 규명하고 그 원리를 세우는 것을 목표로 했다. 윌슨 역시 동물의 지능을 그 종의 본질적인 지능으로 보는 경향은 여전했다. 하지만 로렌츠와 틴버겐의 동물 행동학에서는 무시되었던 행동의 진화론적 차원이 이론의 핵심을 차지했다는 점은 주목할 만했다. 게다가 윌슨은 객관주의 동물 행동학자들과 달리 행동의 결정에 있어 유전자의 중요한 역할을 인정했다.

1년 후 리처드 도킨스˚는 '동물의 유전자는 자신의 보존과 번식을 위한 수단에 지나지 않는다.'는 주장을 하였으며 과학사에 길이 남게 된 '이기적 유전자' 이론을 발표해 세계적인 반향을 일으켰다.

● ● ●

에드워드 윌슨(1929~) 미국의 사회 생물학자. 1950년대에 개미들이 페로몬이라는 화학 물질을 이용하여 의사소통한다는 사실을 밝혀내는 등 개미 전문가로 널리 알려졌다. 다수의 과학 명저를 집필한 과학 저술가로서 『인간 본성에 대하여』와 『개미』로 퓰리처상을 두 번이나 수상했다.

리처드 도킨스(1941~) 케냐 출신의 영국 동물학자. '이기적 유전자' 이론으로 유명하며 유전자가 진화의 주 선택 단위라는 생각을 대중화시켰다.

윌슨의 사회 생물학은 굉장했다. 그때까지 설명하지 못했거나 또는 주목받지 못한 채로 남아 있었던 동물의 여러 행동들을 진화론적인 논리에 따라 설명했던 것이다. 가령 수많은 동물 종에서 흔히 나타나는 유아 살해는 수컷이 다른 수컷의 유전자를 지닌 새끼를 죽임으로써, 또 수유 중인 암컷을 다시 임신시킴으로써 자신의 유전자는 최대화하고 경쟁자의 유전자는 최소화하려는 의도를 지닌 것이라고 해석했다. 동물들의 이런 행위는 합리적인 논리를 따르는 것이므로 어떤 병적 이상을 운운할 필요는 없다는 얘기다. 사회 생물학은 생물학적 제국주의의 발단이라 하여 크게 반박을 받기도 했지만, 다른 한편으로는 심각하게 경직화되기 시작했던 학계에 등장한 새로운 시도로서 인정을 받기도 했다.

윌슨의 사회 생물학이 사회적으로 폭발적인 반응을 불러일으킨 반면 이와 전혀 다른 식으로 접근한 이론은 동물 행동학에 상당한 영향을 미친 경우에도 상대적으로 초라한 대접을 받았다. 사회 생물학자 존 올콕이 말했듯이 사회 생물학자들은 행동의 **근접 원인**, 즉 '어떤 동물이 어떤 행동을 하게 되는 이유'를 연구하지 않는다. 그들은 대신 **궁극 원인**, 즉 '진화론적인 관점에서 이런저런 행동을 선택하게 되는 논리'를 연구한다.

뇌조*의 예를 보면 이를 명확히 알 수 있다. 뇌조 수컷은 반짝거리는 깃털을 가지고 있는데, 몇몇은 다른 수컷에 비해 깃털이 한층 더 빛난다. 번식을 할 때 뇌조 암컷은 수수한 수컷보다 아름다운 수컷에게 더 많이 끌린다. 이를 근접 원인으로 설명하면 암컷의 미적 감각에 그 원인을 돌릴 수 있을 것이다. 하지만 궁극 원인을 고려해서 설명하면 암컷의 선택을 다윈론적 관점으로 볼 수 있다. 통계적으로 볼 때 아름다운 수컷이 다른 수컷보다 더 튼튼하고 건강한 새끼를 가질 확률이 높으며, 피부 기생충의 공격을 훨씬 적게 받는다는 것이다.

종이 같으면 지능도 똑같을까?

1970년대 말에 도널드 그리핀*을 비롯한 몇몇 동물 행동학

● ● ● ●

뇌조 들꿩과의 새. 날개의 길이는 17~20센티미터이고 꽁지는 짧다. 여름에는 붉은 갈색 바탕에 가늘고 검은 무늬를 띠며, 겨울에는 희고 봄가을에는 그 중간색을 띤다. 눈 위에 붉고 작은 볏이 있으며 다리에는 발톱 사이까지 털이 나 있다. 한국, 일본, 중국, 유럽, 북아메리카 등지에 분포한다.

도널드 그리핀(1915~2003) 미국의 동물학자. 동물 행동 및 동물의 감각에 대한 연구를 전문으로 했다. 박쥐가 초음파 신호를 이용해 사물의 형상을 인식한다는 사실을 밝혀냈으며, 동물도 사람처럼 의식과 감정을 가진다고 주장했다.

자들은 동물의 지능을 생물학적 인과성과 관련짓는 객관주의 동물 행동학의 역량을 진지하게 의심하기 시작했다. 그리하여 그들은 사회 생물학자들이 그토록 무시했던 근접 원인을 제대로 연구해 보기로 했다.

그리핀은 탁월한 학자였다. 그는 박쥐의 의사소통에 관한 전문가로서 박쥐가 완전히 깜깜한 공간에서도 빠른 속도로 날아다닐 수 있도록 해 주는 음파의 존재를 밝혀냈다. 이 개념 자체는 19세기 때부터 알려져 있었으나, 그리핀이 몇 가지 현대적인 실험을 통해 설득력 있는 증명을 해냈다.

또한 1970년대 말부터 그는 동물 행동학자들이 그때까지 견지하던 것과 현저히 다른 시각을 드러내는 책과 논문을 여러 편 썼다. 그럼으로써 그리핀은 동물을 진짜 지능을 가진 주체로 보는 진정한 **인지 동물 행동학**이 발전할 수 있도록 토대를 마련했다. 동물들이 시도와 오류를 반복하며 환경에 무조건적으로 적응하는 단순한 기계가 아님을 역설했던 것이다. 각각의 동물을 외적·내적 자극에 자동으로 반응하는 조그마한 기계로 보았던 전통적인 객관주의 동물 행동학과 반대로, 그리핀은 동물을 주관적인 경험을 토대로 정보를 처리하는 기계로 묘사했다. 모든 동물, 특히 상당히 진화한 종에 속하는 동물들은 제 욕구에 따라 결정을 내리기에 앞서 세상에 대한 '표상', 다시 말해 유추에 근거한 추상적이고 정신적 이미지를 먼저 정립한다는 것이다.

이런 논리에 따라 그리핀은 동물의 인지적 능력을 먼저 규명하고, 그 인지적 능력이라는 동인에서 출발하여 행동을 설명했다. 그러한 작업은 특히 동물의 의사소통을 연구함으로써 가능했다.(의사소통에만 제한한 것이 문제였지만 말이다.)

동물 행동학자들은 자연 환경이나 실험실에서 도구를 사용하는 일에 관해 진지하게 연구하기 시작했다. 그들은 동물의 표상과 지향성, 다시 말해 '욕구'와 '신념'을 자세히 관찰했다. 동물 사회가 생각보다 복잡한 것으로 밝혀지자 그들은 각각의 동물이 생활하는 데 필요한 능력을 놓고 유전자 지도를 만들었다. 거대 원숭이류도 완전히 새로운 열정으로 관찰하고 실험했다. 그때까지 이 주제는 지나치게 대중적이고 따라서 비과학적이라는 이유로 객관주의 동물 행동학자들에게 무시되던 것이었다.

새로운 호기심을 통해 얻은 가장 괄목할 만한 결과는 '마음 이론'[*]에서 구체화되었다. 상당수의 실험을 통해 침팬지가 사람의 욕구와 의도를 알아보고 정보의 필요를 인정하며, 진짜 의도와 표면상의 의도를 구분할 수도 있고, 보는 것과 배우는 것 사이의 관계를 설정할 수 있으며, 우발적인 행동과 의도적인 행동을 구분하기도 한다는 것이 증명되었다. 몇몇 실험은 논란의 여지가 있어 추가 실험을 통해 그 결과를 재검토할 필요가 있다 하더라도, 오늘날 유인원이 틀림없는 지능을 가지고 있다는 것, 그것도 매우 복잡한 지능을 가지고 있다는 것을 의심하는 사람은 없다. 그런데 최근 20년간 지능에 대한 재평가가 이루어진 대상은 거대 원숭이류만이 아니다. 다른 포유동물과 조류도 많은 학자들의 관찰 대상이 되었다.

다른 개체를 속일 줄 아는 영장류의 능력에 관한 비교 연구는 인지 동물 행동학이 한층 더 탄탄해지고 자신감을 얻는 데 중요한 디딤돌이 되었다. 이 연구는 영장류 원숭이의 '권모술수적 지능'을 언급하면서 동물은 자신에게 유용할 경우 다른 동물의 지능(더 정확하게 말하자면 그 동물의 한계)을 마음대로 다룰 수 있음을 지적했다. 이로써 동물의 지능은 인간의 지능에 비해 단지 덜 복잡할 뿐 성질은 같은 것으로 이해하게 되었다. 인지 동물 행동학은 각각의 동물이 자기 종의 인지 능력을 최대한 이끌어 내는 과정에서 개별적인 지능을 가질 수 있다고

● ● ●

마음 이론 동물이 다른 동물의 마음, 특히 다른 동물의 욕구와 신념, 의도를 읽는 능력을 가지고 있다는 이론.

인정함으로써 매우 새로운 견해를 내놓았다. 다시 말해, 같은 종에 속하는 두 동물의 수행 능력이 크게 다를 수 있음을 지적한 것이다.

원숭이의 언어 능력에 대한 연구 결과는 이러한 견해를 뒷받침함으로써 동물 행동학의 발전에 중요한 역할을 했다. 동일한 종에 속하는 개체 간의 차이가, 경우에 따라 서로 다른 종 사이의 차이보다 더 클 수도 있다는 사실이 이 연구에서 분명히 밝혀진 것이다.

대개 피그미침팬지, 즉 보노보가 보통 침팬지보다 영리했지만 몇몇 보통 침팬지는 보노보보다 훨씬 뛰어난 수행 능력을 보였다. 실험을 주도한 로저 푸츠는 보통 침팬지 가운데 하나인 와슈를 '똑똑한 침팬지'라고 부르기도 했다. 푸츠는 와슈와 함께 많은 연구를 했고, 그 결과 와슈가 상징 언어 획득에 특별한 능력을 가지고 있음을 알아냈다. 반면 다른 침팬지들은 상징 언어를 배우는 데 있어 흔적 기관과 다름없는 매우 기초적인 능력만을 가지고 있는 것으로 나타났다.

이처럼 인지 동물 행동학은 동물 한 종의 모든 구성원이 동일한 지능, 즉 해당 종을 특징짓는 지능만을 가질 수 있다고 본 객관주의 동물 행동학이나 사회 동물 행동학적 접근법에 결별을 고했다. 각각의 까마귀는 다른 모든 까마귀와 동일하게 까

인지 동물 행동학이 등장하고 나서 동물은 각자의 지능을 인정받게 되었다.

마귀로서의 지능을 지니고 각각의 코끼리는 마찬가지로 코끼리로서의 지능만을 가진다고 보는 것이 아니라, 동물 한 마리 한 마리에 대해 상대적인 독립성을 인정한 것이다.

동물도 사회적·정치적 지능을 가질까?

인지 동물 행동학이 동물 지능 연구에 이론적으로나 실험적으로 크게 공헌했다는 점은 분명하지만, 그렇다고 해서 과대평가하는 것은 경솔한 일이다. 동물 행동학의 지적 패러다임이 급변하자 연구 방법 또한 크게 변화했다. 인지 동물 행동학은 동물에 대한 비기계론적 접근과 일관성 있는 현장 연구가 정확히 교차하는 지점에서 그 혁신적인 개념이 가장 빛을 발한다.

1960년대 이후, 동물 행동학자들은 자연 환경에서 오랜 시간에 걸쳐 동일한 동물을 관찰함으로써 실험만으로는 불가능했을 성과를 얻게 되었다. 사실 동물 행동학에서는 자연 환경 속의 동물들을 그대로 관찰하는 것이 아니라 진화론적 관점에서 동물의 행동을 관찰하는 것을 기본으로 한다. 따라서 인지 동물 행동학자들이 실험주의 심리학자들처럼 현장 연구를 아예 무시하는 것은 아니지만, 그렇다고 객관주의 동물 행동학자들만큼 현장의 중요성을 인정하는 것도 아니었다. 왜냐하면 대학에서 제약에 묶여 틀에 박힌 연구를 하다 보면 현장 연구에 몰두하기가 어려웠기 때문이다. 따라서 현장 관찰은 단기간에 그쳤고 그나마도 대학이 방학을 하는 기간, 특히 여름 방학 동안에 주로 이루어졌다.

제인 구달[*]은 탄자니아 곰비 국립공원의 동일한 침팬지 집단을 오랜 기간에 걸쳐 현장 관찰함으로써 동물 행동 연구의 새로운 장을 열었다. 그녀는 침팬지의 지능에 대해 사람들이 일반적으로 알고 있던 상식을 아주 간단히 바꾸어 놓았다. 특히 그녀는 침팬지가 육식을 한다는 것, 수많은 갈등이 존재하는 복잡한 사회에서 산다는 것, 실질적인 정치 전략을 구사한다는 것을 밝혀냈다. 제인 구달이 거듭 놀라워했던 행동 가운데 하나는 침팬지가 도구를 제작하고 사용한다는 것이었다. 그녀는 다음과 같은 기록을 남겼다.

내가 가장 놀란 것은 녀석들이 잎이 무성한 잔가지를 모으고

● ● ● ●

제인 구달(1934~) 영국의 비교 행동학자. 탄자니아에서 오랫동안 침팬지를 연구했다. 장기간의 관찰 끝에 침팬지의 잡식성, 도구 이용 습관, 고도의 사회적 행동 등을 밝혀냈다.

사용하기 위해 잎을 제거하면서 정성스럽게 손질하는 모습이었다. 그 모습은 야생 동물이 어떤 물건을 도구로 사용할 뿐만 아니라 그 물건을 변형시키기도 하는, 곧 '제작'의 기초적인 시작을 보여 주는 최초의 사례로 파악할 수 있었다. 나는 이 현상을 주목하고 기록했다.

제인 구달은 자신이 열심히 연구했던 침팬지가 인간과 같은 종이라고 주장하지 않았다. 그러나 그녀는 침팬지 가운데 적어도 몇몇은 정말로 비범한 지능을 발휘한다고 확신했다.

오랜 기간에 걸쳐 진행되는 이런 연구는 인간이라는 관찰자가 해당 동물 집단과 진정으로 친해짐으로써 각각의 동물을 개별적으로 알아보게 되고, 개체 각각의 이야기를 재구성할 수 있게 된다는 가능성을 전제로 한다. 이런 연구는 주어진 생태계 속에서 전체적인 개체군을 관찰하는 것이 아니라, 뚜렷이 확인되는 사건과 갈등, 그리고 협력 등 개체 간에 이루어지는 상호 작용의 논리를 관찰하는 것이다. 침팬지와 같은 동물을 통해, 집단의 지능은 그 집단 구성원의 개별적 지능의 합이라는 것이 그 어느 때보다도 분명하게 드러났다.

동물 행동학자들은 동일 집단을 오랜 세월에 걸쳐 조사하는 방법을 침팬지 외의 다른 동물에게도 점차 적용했다. 미국의 동물학자인 다이앤 포시[*]는 같은 관점을 가지고 르완다에서 고릴라를 관찰했고, 캐나다의 인류학자 비루테 갈디카스는 보르네오에서 오랑우탄을 관찰했다. 동물학자 신시아 모스와 조이스 풀은 1972년부터 케냐의 암보셀리 국립공원에서 아프리카 코끼리 집단을 연구했다. 조이스 풀은 코끼리가 인간과 매우 다른 감각 세계 속에서 살고 있지만(예를 들어 코끼리는 인간이 들을 수 없는 초저주파음을 발산하고 들을 수 있다.) 놀라운 지능을 가지고 있음을 지적했다.

한편 생물학자 리처드 코너는 오스트레일리아 샤크 만의 비교적 얕고 깨끗한 물에 사는 돌고래를 연구했다. 그는 수컷 돌고래가 암컷을 유인하기 위해, 또는 암컷이 수컷으로부터 자신을 지키기 위해 믿을 수 없을 만큼 정교한 사회적 전략을 사용한다는 것을 밝혀냈다. 코너는 돌고래에게서 동맹 관계뿐만 아니라 동맹의 동맹 관계도 발견했다. 또한 샤크 만에서는 돌고래가 바다 밑바닥에서 먹이를 찾을 때 뾰족한 물체로부터 주둥

● ● ● ●

다이앤 포시(1932~1985) 미국의 동물학자. 고릴라의 멸종 위기 관심을 가지고 처음에는 자이르로 갔다가 1967년부터 르완다에 정착해 18년을 고릴라의 친구로 살았다. 1985년 성탄절 다음날 자신의 오두막에서 의문사로 세상을 떴다.

이를 보호하기 위해 해면을 기술적으로 이용하는 행동이 처음으로 관찰되기도 했다.

몇몇 새 종류 역시 특이하고 흥미로운 행동을 보여 주었다. 미국의 생물학자인 베른트 하인리히는 미국 북동부의 버몬트 주에 사는 야생 까마귀를 세심하게 관찰한 결과, 까마귀가 놀랄 만한 지능을 가졌다는 사실을 알게 되었다. 그는 까마귀가 상호 간에 매우 엄격한 서열(바꿀 수도 있지만 그러려면 위험을 감수해야 하는)에 따라 행동하며 공동 포식 전략에 따라 활동을 체계화할 뿐 아니라 매일 저녁 높은 곳에 모여 정보를 교환하기까지 하는 것을 밝혀냈다. 앞서 말한 것 외에도 자연 환경에서 동물의 지능이 드러난 예는 얼마든지 많다.

동물도 지능에 따라 특별한 문화를 이룰까?

현장을 중심으로 한 동물 행동학이 거둔 가장 흥미로운 결과는 1980년대 말과 1990년대에 나타났다. 영국의 영장류학자 윌리엄 맥그루°가 1992년에 출간한 『침팬지의 물질 문화』는 그 실질적인 출발점이라 할 수 있다. 이 책에서 맥그루는 영장류에 관한 자료들을 학술적으로 상세히 분석하고, 야생 침팬지가 진정한 의미의 '문화적 행동'을 한다는 가설을 제시했다. 그는 아프리카의 야생 침팬지를 오랫동안 관찰한 끝에 얻은 여러 연구 결과를 비교하며 야생 침팬지의 사회적·기술적 행동이 집단마다 현저하게 차이가 난다고 지적했다. 이러한 행동상의 차이는 모두 같은 종에 속하는 평범한 침팬지에서 나타났으므로 유전학으로 설명할 수도 없었고, 침팬지들이 사는 환경의 영향이라고 할 수도 없었다. 예를 들어 흰개미를 볼 수 있는 환경에서 사는 침팬지라고 해서 모두 나뭇가지를 써서 흰개미를 잡는 것은 아니었다.

몇몇 동물이 문화를 갖는다는 생각은 새로운 것이 아니다. 특히 1950년대 초에 영국의 조류학자들이 박새가 아침마다 가정집의 문 앞에 놓인 우유병 마개에 구멍을 뚫어 우유를 마신다는 사실을 알아낸 다음부터 그러한 생각이 두드러지기 시작했다. 일본 원숭이 집단을 연구한 일본의 영장류학자들도 동물의 문화에 관해 언급했다. 그들은 사람에게서 규칙적으로 먹이를 얻어먹는 원숭이 집단에서 어떤 뚜렷한 원인에 의해 새로운

● ● ●

윌리엄 맥그루 영국의 사회 생태학자. 미국의 마이애미 대학에서 동물학 및 인류학 교수로 재직 중이며, 특히 영장류의 행동 연구에서 두각을 드러냈다.

행동이 나타나고, 이 행동은 곧 연구 대상 집단에 전체적으로 퍼진다는 사실을 증거로 들었다. 하지만 사람과 함께 살지 않는 진짜 야생 동물들이 갖가지 사회적 행동을 한다는 사실, 그리고 그러한 행동이 여러 집단에서 고르게 나타난다는 사실을 정확하게 보여 준 것은 맥그루가 처음이었다.

개별적 지능과 관련되어 있는 집단의 지능은 특히 흥미롭게 나타난다. 침팬지의 **문화적 지능**은 앞에서 언급한 사회적 곤충의 집단적 지능과 매우 다르다. 개미나 꿀벌, 말벌 등의 각 개체는 지능이 낮지만 집단화라는 과정을 통해 전체적으로 영리한 행동을 하게 된다. 개미집을 옮기는 모습을 관찰하면 이 사실을 잘 알 수 있다. 대부분의 일개미는 한 장소에서 다른 장소로 알, 고치, 유충을 나른다. 그런데 소수의 고집스러운 일개미들은 다른 일개미들이 기껏 옮겨 둔 것을 다시 원래의 장소로 되돌려 놓는가 하면 또 다른 놈들은 길을 이탈하기도 한다. 하지만 이를 두고 딱히 어리석다고 하기는 힘들다. 개미가 먹이를 찾는 중에 자신들의 집과 먹이가 있는 곳을 잇는 길에서 '길을 잃는다.'는 사실은 먹이를 찾는 목적에 있어 비효율적으로 보일 수 있다. 그러나 그런 부적절한 행동 덕분에 먹이가 있는 새로운 장소를 발견하게 된다면 사정은 달라진다.

침팬지의 경우는 개미와 전혀 다르며, 오히려 우리가 인간의 것이라고 생각하는 방식에 훨씬 더 가깝다. 몇몇 창조적인 개체가 새로운 방법을 만들고 다른 개체들에게 그것을 사회적으로 전수하는 것이다. 이 경우 집단의 지능은 다소 무질서한 수많은 개별적 지능이 더해진 통계 값이 아니라, 개별적 지능들의 사회적 조합이다. 따라서 개미나 꿀벌을 두고 정치적 지능을 말하는 것은 무리라고 해도 침팬지의 경우에는 이 개념이 유효하다.

영장류학자들은 반드시 제일 힘센 수컷이 우두머리가 되는 것이 아니라 다른 수컷들 및 몇몇 영향력 있는 암컷들과 강력한 동맹을 맺는 데에 성공한 수컷이 리더의 자리에 오른다는 사실을 밝혀냈다. 대담한 수컷 침팬지는 난동을 부리거나 쿠데타를 일으킬 수도 있다. 제인 구달이 묘사한 젊은 수컷처럼 말이다. 그 수컷은 구달의 캠프에서 구한 빈 물통 두 개를 맞두드리면서 제일 높은 서열의 수컷 두 마리에게 덤벼들었고, 겁에 질린 두 수컷이 달아나자 소동을 일으킨 젊은 수컷이 권력을 쥐었다.

동물 행동학자들은 지대한 관심을 갖고 동물의 행동을 연구해 왔지만, 몇몇 동물들의 놀라운 행동은 아직 명확한 연구가 이루어지지 않은 채로 남아 있다. 그 이전까지 로렌츠와 틴버겐의 객관주의 동물 행동학은 동물의 종을 연구 활동의 중심에

두었다. 어떤 특별한 늑대가 아니라 일반적인 늑대, 늑대 전체에 대해 생각할 수 있는 '평균적인 늑대'에 관심을 가졌던 것이다. 하지만 이러한 접근 방식은 지극히 제한적이었다. 단지 일반적인 늑대를 연구하기보다 특별한 한 마리 늑대를 연구할 필요가 있었다.

동물 행동학자들은 연구 대상을 개별화하는 방법을 사용함으로써(예를 들어 코끼리를 연구할 때에는 귀의 모양에 따라 개별화하는 식으로), 각각의 종마다 뚜렷한 개체성이 존재하며 일반적인 동물성을 넘어 개별적인 동물성에 관심을 가져야 할 필요가 있음을 깨닫게 되었다.

인지 동물 행동학의 경우 동물의 지능에는 많은 관심을 가지고 있지만, 동물의 지능이 구체적으로 드러날 때 거치게 되는 개체 간의 차이에 대해서는 별 관심이 없다. 그러나 인지 동물 행동학과 현장 동물 행동학이 결합하면 개체 간의 차이라는 개념을 중심으로 하여 특정 야생 동물의 진정한 개성을 효과적으로 밝힐 수 있다.

개별적 동물이란 같은 종의 다른 구성원들과 구분되는 행동적 특수성이나 특별한 인지 능력을 가진 동물을 말한다. 다른 동물보다 더 영리한 동물만 있는 것이 아니라, 같은 종 안에서도 다른 개체보다 명백하게 더 영리한 개체가 있다. 그런 개체에 해당하는 침팬지는 도구를 만들고 사용하거나 이런저런 행동을 하는 데 있어 특히 재능이 있는 것으로 드러난다.

코트디부아르의 타이 숲에서 20년간 야생 침팬지를 연구한 크리스토프 보에쉬는 침팬지들이 작은나무원숭이인 콜로부스를 잡기 위해 저마다 개별적인 사냥 기술을 사용한다는 사실을 보여 주었다. 어떤 침팬지는 콜로부스 원숭이가 지치고 근육이 경직되어 꼼짝 못할 때까지 나무 위에서 계속 쫓아다녔다. 이렇게 하면 나중에는 열매처럼 그저 따먹기만 하면 되기 때문이다. 또 다른 침팬지는 콜로부스 원숭이에게 천천히 접근하면서 불편한 자세로 멈춰 있는 척하다가, 경솔한 먹잇감이 겁 없이 먼저 공격하려고 접근하는 순간 낚아채 버렸다.

침팬지 한 마리 또는 코끼리 한 마리의 지능을 모든 침팬지, 모든 코끼리의 지능과 동일시할 수 없다는 생각은 지금도 아주 신선하게 여겨진다. 이론적으로는 아직 미개척 분야나 다를 바 없는 개념이지만, 잠재적인 발전 가능성은 무궁무진하다.

3

동물과 **인간**의
지능을 비교할 수 있을까?

인간은 과연 동물보다 똑똑할까?

　동물의 지능과 인간의 지능을 비교하는 일은 항상 적잖은 관심을 불러일으켰다. 그런데 과연 이러한 비교가 타당한 것일까? 만약 비교할 수 있는 문제라면 무작정 폐쇄적인 태도를 취하기보다 신중을 기해 접근하는 편이 좋을 것이다.

　이러한 문제를 연구할 때 언어는 흥미로운 기준이 된다. 말을 하는 것은 인간의 고유한 특성이다. 동물학자들은 몇몇 종의 동물이 뜻밖에도 매우 복잡한 방식으로 의사소통한다는 사실을 밝혀냈지만, 인간의 언어에 버금가는 표현 수단을 소유한 동물은 이제껏 하나도 없었다. 그렇다고 해서 언어를 사용한다는 특수성이 인간에게 특별한 위치를 부여해야 한다는 전제가 될 수 있을까? 인간이 말을 한다고 해서 언젠가는 동물이 비슷

한 성질의 능력을 얻을 가능성이 전혀 없다고 단정 지을 수 있을까? 이에 대해 답하기에 앞서 우리가 인지적 발달과 문화적 발달을 자주 혼동하는 경향이 있다는 사실을 먼저 지적할 필요가 있다.

1960년대부터 몇몇 심리학자들은 여러 거대 원숭이류와 앵무새에게 상징 언어를 가르치려고 시도했다. 그렇게 해서 놀라운 결과를 얻은 경우도 있었지만, 솔직하고 정확하게 말하자면 '정상적인 인간이 언어를 배운다.'고 할 때의 의미대로 언어 능력을 획득한 동물은 하나도 없었다. 이 실험에서 지능이 뛰어난 몇몇 동물이 거둔 성과에 대해서는 여전히 논쟁의 여지가 있지만, 어쨌든 그 동물들이 말을 한 것은 분명 아니다.

'화가 원숭이'와 관련된 문제는 더 미묘하다. 원숭이 가운데 몇몇은 예술가의 특징을 고스란히 갖고 있다. 녀석들은 그림을 그리는 활동에서 큰 즐거움을 느끼며 특유의 회화적인 소질을 보여 준다. 하지만 그 활동은 놀이 이상의 것이라고 보기 힘들다. 그 동물들이 평평한 면 위에 저마다 느낀 대로 색깔을 배열하는 일에서 즐거움이 아닌 다른 어떤 감정을 느낀다는 사실을 설득력 있게 주장한 사람은 아직까지 아무도 없었다.

그러나 이런 문제들이 인간의 지능과 동물의 지능을 비교해봤자 아무것도 얻을 수 없음을 의미하는 것은 아니다. 언어보

간혹 그림을 그리면서 즐거워하는 원숭이가 있지만,
그 그림은 단순한 놀이 이상의 것이 아니기에 인간의 회화와는 비교하기 힘들다.

다 덜 상징적인 측면들, 가령 기술적 지능을 비교하면 명확한 결과가 나타난다. 예를 들어 옥스퍼드 대학교의 버넌 레이놀즈 교수는 침팬지의 기술적 활동과 인간의 기술적 활동 사이에 두 가지 뚜렷한 차이가 있음을 지적했다. 우선 인간을 제외한 영장류는 결코 타 개체의 기술을 이용하지 않는다. 다시 말해 침팬지가 쓰는 도구는 항상 특정한 침팬지에 의해 만들어지고 그 침팬지 혼자서만 사용한다. 그에 반해 인간은 일반적으로 여럿이 도구를 만들고, 여럿이 그 도구를 사용한다. 그런데 주목해야 할 사실은, 어떤 종의 새는 여럿이 둥지를 만들고 그 둥지를 함께 사용한다는 것이다.

레이놀즈가 지적한 두 번째 차이를 살펴보자. 인간을 제외한 영장류는 기능적 부품 여러 개를 끈 같은 것으로 연결하여 구성한 인공물을 만들지 못한다. 예를 들어 아르헨티나의 목동들이 사용하는 볼라* 같은 도구는 제 아무리 영리한 침팬지라도 만들지 못할 것이다. 침팬지가 할 수 있는 조립이란 중력을 이용하는 것, 즉 쌓아올리는 것밖에 없다.

● ● ●

볼라 돌로 만든 공을 긴 끈 끝에 묶어서 그것을 머리 위로 휘두르다가 짐승의 발에 던져 휘감기게 하는 것.

인류학자 크리스토퍼 보엠°은 침팬지에 관한 저서에서 침팬지의 기술적 능력의 특징은 공격용 무기를 사용하지 않는 것이라고 주장했다. 물론 침팬지가 공격자나 침입자에게 이런저런 물건을 던질 수도 있지만, 이는 어디까지나 자신을 보호하기 위한 행위일 뿐이다. 침팬지와 달리 인간은 자신들이 만든 투척 무기를 이용하여 다른 개체에게 지나친 지배력을 행사하고자 하는 우두머리 수컷을 제압할 수 있다. 그리하여 인간은 동물학자들이 보기에 놀랄 만큼 평등한 사회를 만드는 것이다.

동물의 지능을 인정해야 할까?

인간을 포함한 모든 종의 지능을 비교하고, 또 모두가 동의할 수 있는 잣대를 찾기란 불가능하다. 너무나 많은 종에 대한 너무나 많은 차원들이 존재하기 때문이다. 하지만 서로 다른 종의 지능 사이에 기준이 될 만한 잣대가 없다고 해서 동물들

● ● ●

크리스토퍼 보엠 서던캘리포니아대의 인류학과 교수이자 제인 구달 연구소의 소장으로 재직하고 있다.

의 지능을 전반적으로 비교하고 파악할 수 없는 것은 아니다. 이와 관련하여 최근 20년은 참된 과학적 혁명이 소리 없이 일어난 시기였다. 우리는 이제 우리 주위에 영리한 동물들이 가득하다는 사실을 알고 있다. 세균과 마찬가지로 지능은 어디에나 존재하며 지능의 종류 또한 인간이 알아낼 수 없을 정도로 다양하다.

동물의 지능에 대한 질문은 과학과 철학의 영역에 한정된 것이 아니다. 그 질문은 매우 이데올로기적이기도 하다. 때문에 대학 교수들조차 몇몇 동물의 지능이 상당히 높을 수도 있다는 생각에 반대하는 것이다. 그들은 대개 종의 적응력을 칭찬하는 데는 망설이지 않는다. 하지만 몇몇 개체가 같은 종에 속하는 다른 개체보다 지능이 더 높다거나, 다른 개체와 확실히 구분되는 진정한 의미의 개성을 가질 수도 있다는 생각은 좀처럼 받아들이지 못한다.

어째서 그렇게 망설이는 것일까? 종종 방법론적인 반론이 제기되기도 하지만 그것만으로는 설명이 부족하다. 정확성을 요구하는 것과 무조건적인 거부는 다르기 때문이다. 어쩌면 일부 학자들은 자신들이 흔히 보는 동물에게 명백히 과도한 능력을 부여하는 것을 못 견디는 것인지도 모른다.

몇몇 동물에게서 발견되는 의외의 지능은 우리 인간을 분명

불안하게 만든다. 서양 사람들은 인간이 다른 동물들과 다르다고 강하게 확신한다. 그렇지 않을 가능성을 떠올리기만 해도 심기가 불편해질 정도로 말이다. 그런데 세계 각지의 사람들은 몇몇 동물과 인간 사이의 지적 차이에 대해 서양인과 매우 다른 시각을 키워 왔다. 예를 들어, 페루 북서 지방에 사는 마체스 족은 재규어를 인간보다 훨씬 더 훌륭한 사냥 능력을 가진 동물로 여기며, 심지어 인간이 커다란 고양이의 모습을 흉내 내면 매우 희귀한 능력이 생긴다고 생각한다. 그래서 마체스 족 남자들은 종려나무 조각을 코에 꽂고 입가에 '재규어의 미소'를 그려 넣는다.

더 읽어 볼 책들

- 리처드 도킨스, 홍영남 옮김, 『이기적 유전자』(을유문화사, 2002).

- 베네딕트 피거 · 클라우스 타슈버, 안인희 옮김, 『콘라트 로렌츠』(사이언스북스, 2006).

- 제인 구달, 박순영 옮김, 『침팬지와 함께한 나의 인생』(사이언스북스, 2005).

논술·구술 시험은 논리적이고 종합적인 사고를 요구한다. 다음에 제시된 문제는 이 책의 주제와 연관이 있는 논술·구술 기출 문제이다. 이 책을 통하여 습득한 과학적 지식과 원리, 입체적이고 논리적인 접근 방식을 활용하여 스스로 문제에 답해 보자.

▶ 인간과 동물의 지적 능력의 차이는 선천적인가 후천적인가, 아니면 또 다른 것인가?

옮긴이 | 김성희

부산대 불어교육과 및 동대학원을 졸업했으며 현재 전문 번역가로 활동 중이다.

민음 바칼로레아 50

동물도 지능이 있을까?

2판 1쇄 펴냄 2021년 3월 30일
2판 5쇄 펴냄 2024년 8월 8일

1판 1쇄 펴냄 2006년 9월 25일

지은이 | 도미니크 레스텔
감수자 | 박시룡
옮긴이 | 김성희
발행인 | 박근섭
펴낸곳 | ㈜민음인

출판등록 | 2009. 10. 8 (제2009-000273호)
주소 | 06027 서울 강남구 도산대로 1길 62 강남출판문화센터 5층
전화 | 영업부 515-2000 **편집부** 3446-8774 **팩시밀리** 515-2007
홈페이지 | minumin.minumsa.com

도서 파본 등의 이유로 반송이 필요할 경우에는 구매처에서 교환하시고
출판사 교환이 필요할 경우에는 아래 주소로 반송 사유를 적어 도서와 함께 보내주세요.
06027 서울 강남구 도산대로 1길 62 강남출판문화센터 6층 민음인 마케팅부

한국어판 © (주)민음인, 2006. Printed in Seoul, Korea
ISBN 979 11-5888-812-1 04000
ISBN 979 11-5888-823-7 04000(set)

㈜민음인은 민음사 출판 그룹의 자회사입니다.